AF280327

DIE VERGESSENE WELT

ISBN-10 3-8334-6704-5
ISBN-13 978-3-8334-6704-2

Herstellung und Verlag:
Books on Demand GmbH, Norderstedt

DIE VERGESSENE WELT

Jüdisches Leben in Klosterneuburg

Peter Lachnit

VORWORT

Warum, ja warum wollte ich dieses kleine Buch schreiben?

Wenn man die nachfolgende Einleitung des sehr bedeutenden deutschen Nationaldichters Friedrich Schiller liest, muss man sich doch einiges überlegen.

Ich durfte an der Erzdiözese Wien katholische Theologie studieren, kein Universitätsstudium. Ein Lehrgang, der zur „missio canonica" berechtigt, der „Lehrbefähigung".

Es wäre mir dadurch auch möglich gewesen, mich zum Diakon – genau genommen verheirateter Diakon – weihen zu lassen.

Ich habe darüber nachgedacht. Lange nachgedacht.

Da dies alles in eine Zeit fiel, in der ein Kardinal Groer und ein Bischof Krenn die Weichen in Österreichs Katholizismus stellten, kam ich zu der Überzeugung, der Amtskirche besser nicht offiziell zur Verfügung zu stehen – der Gehorsam hätte mir sowieso nur Schwierigkeiten bereitet.

Vielleicht verwunderlich in diesem Zusammenhang. Ich bin überzeugt von einem Schöpfergott, aber möglicherweise gerade deswegen sind Agnostiker einige meiner besten Freunde. Sie bewahren eventuell vor „Betriebsblindheit".

Da kommt die Überleitung zum Judentum und warum ich dieses Buch schreiben wollte.

Wir Christen bezeichnen die Juden ja als unsere „älteren" Brüder. Die Bewegung des „Sektenführers" Jesus, der sich bis zu seinem Tode am Kreuz als Jude sah und ob er tatsächlich eine Kirche bauen wollte, dessen erstes Oberhaupt Petrus – Kephas – Fels sein sollte, diese Frage ist ja unter kritischen Theologen immer ein Diskussionspunkt.

Nichtsdestoweniger hatte das Christentum in den letzten zweitausend Jahren einen ziemlichen Erfolgslauf, der leider manchmal nicht unbedingt etwas mit Gottgefälligkeit zu tun hatte. Ganz im Gegenteil, wenn man zum Beispiel die Inquisition oder die Kreuzzüge etwas kritisch betrachtet.

Das Judentum hatte dieses Erfolgserlebnis nicht. Warum, will und kann ich nicht beurteilen. Vielleicht, weil es doch die erste der drei monotheistischen Religionen (Judentum, Christentum und Islam) ist und möglicherweise aus Überzeugung nie missionarisch agierte.

Rätselhaft bleibt für mich daher, warum es Judenfeindlichkeit vulgo Antisemitismus gibt.

Natürlich kenne ich die Standardantworten, die allerdings für jeden halbwegs vernunftbegabten Menschen jeder Logik entbehren.

Sind Juden wirklich überheblich, weil sie sich als „Gottes auserwähltes Volk" bezeichnen?

Aus religiösem Fanatismus kann man da selbstverständlich einiges an Ablehnung aufbauen und nichts ist leichter gebastelt als eine Sündenbocktheorie.

Wenn man die Religion aus dem Spiel lässt ist die Antwort auf Antisemitismus allerdings noch schwerer zu finden.

Denn die meisten jüdischen Bürger haben sich immer als Teil der Nation empfunden, in der sie lebten.

Auch in Österreich.

Auch in Klosterneuburg.

Auf diese Klosterneuburger Spuren wollte ich mich mit diesem Buch begeben.
In eine vergessene Welt...

EINLEITUNG

„Die Gründung des jüdischen Staates durch Moses ist eine der denkwürdigsten Begebenheiten, welche die Geschichte aufbewahrt hat: Wichtig durch die Stärke des Verstandes, wodurch sie ins Werk gerichtet worden, wichtiger noch durch ihre Folgen auf die Welt, die noch auf diesen Augenblick fortdauern.

Zwei Religionen, welche den größten Teil der bewohnten Erde beherrschen, das Christentum und der Islamismus, stützen sich beide auf die Religion der Hebräer und ohne diese würde es niemals ein Christentum noch einen Koran gegeben haben.

Ja, in einem gewissen Sinn ist es unwiderleglich wahr, dass wir der mosaischen Religion einen großen Teil der Aufklärung danken, deren wir uns heutigen Tages erfreuen; denn durch sie wurde eine kostbare Wahrheit, welche die sich selbst überlassene Vernunft erst nach einer langsamen Entwicklung gefunden haben würde, die Lehre von dem einzigen Gott, vorläufig nur unter dem Volk verbreitet und als ein Gegenstand des blinden Glaubens so lange unter demselben erhalten, bis sie endlich unter den helleren Köpfen zu einem Vernunftbegriff reifen konnte.

Dadurch wurde einem großen Teil des Menschengeschlechtes die traurigen Irrwege erspart, worauf der Glaube an Vielgötterei zuletzt führen muss und die hebräische Erfassung erfüllt den ausschließlichen Vorzug, dass die Religion der Weisen mit der Volksreligion nicht im direkten Widerspruch stand, wie es doch bei den aufgeklärten Heiden der Fall war.

Aus diesem Standpunkt betrachtet, muss uns die Religion der Hebräer als wichtig und universalhistorisch erscheinen, und alles Böse, welches man diesem Volke nachzusagen gewohnt ist, alle Bemühungen witziger Köpfe, es zu verkleinern, werden uns nicht hindern, gerecht gegen dasselbe zu sein!"

(Friedrich Schiller, Prosaische Schriften, 2. Periode)

DER SCHRITT DURCH DAS TOR

5. September 2005.
Hat dieser Tag mein Leben verändert?
 Nein, nicht wirklich. Vielleicht ein bisschen. Jedenfalls hat er mich bereichert.
An diesem Tag tat ich, was ich mir schon viele Jahre vorgenommen hatte, aber bis dahin nicht verwirklichte.
Ich öffnete ein mit einer Stahlkette halbherzig verschlossenes Gittertor, ging durch wild wucherndes Gras einige Meter aufwärts, um dann, von der Außenwelt unsichtbar, eine fremde, märchenhaft mystisch anmutende und von beeindruckender Stille und Schönheit geprägte Welt zu betreten.
Ich stand am jüdischen Friedhof in Klosterneuburg.
Die im Untergehen begriffene Sonne beleuchtete die Szenerie mit einer gewissen Unwirklichkeit, die sehr unterschiedlichen Grabmäler ermutigten zum genaueren Hinsehen.
Während einige Grabstellen vollkommen verfallen waren, merkte ich bei einigen , dass sie ab und zu, vielleicht sogar regelmäßig, doch auch noch gepflegt werden.
Und dann kamen die Namen.
Menschen, Mitbürger, Schicksale.
Einige dieser Mitbürger von Klosterneuburg bekamen nur ihren Namen auf diesen Grabstein, denn ihre Heimaterde konnte sie nicht aufnehmen.
Sie verloren ihre Würde und ihr Leben an Stätten, die in die Geschichte ruhmlos eingegangen sind. In Lagern einer der bis

dahin nicht gekannten Menschenverachtung eines Regimes, das ein tausendjähriges Reich aufbauen wollte.

Unglaublich, dass diese Geister auch noch nach Jahrzehnten in manchen Gehirnen herumspuken. Nein, nicht nur im nahen und mittleren Osten. Auch bei uns in Österreich.

Das viel beschworene „nie wieder" ist meist in dem Moment vergessen, in dem es ausgesprochen wurde...

Es sagte Rabbi Katina: Wenn die Israeliten an den drei Festen in den Tempel zu Jerusalem kamen, da öffnete man vor ihnen den Tempelvorhang und man zeigte ihnen die Cherubim, wie sie sich innig umschlungen hielten, und man sagte ihnen: „Sehet, eure und Gottes gegenseitige Liebe ist wie die Liebe des Mannes und der Frau."

Resch Lakisch sagte: „Als die Barbaren den Tempel betraten, sahen sie die Cherubim, die sich innig umschlungen hielten. Sie schleppten sie auf den Markt hinaus und sagten: Sehet! Israel, dessen Segen ein Segen und dessen Fluch ein Fluch ist, beschäftigt sich mit derartigen Dingen? Dann schmähten sie sie.

Talmud, Joma 54.

DIE ERSTE GEMEINDE UND IHR ENDE

Anfang des 14. Jahrhunderts dürfte es eine erste eigenständige jüdische Gemeinde in Klosterneuburg gegeben haben.
Eine Jüdin namens Plume, scheinbar eine Frau mit weitreichenden Geschäftsverbindungen, erwarb Gebäude, die zur Burg über dem Kierlingbach gehörten. Sie machte aus diesen Gebäuden Wohnhäuser und eine Synagoge. Ihr Schwiegersohn Abraham wirkte fortan nicht nur als Geschäftsmann, sondern auch als Rabbiner in Klosterneuburg. Der Aufbau und die Organisation der ersten Gemeinde ist daher wahrscheinlich auf Plume zurückzuführen. Der Standort der Synagoge auf der Burg ist mit ziemlicher Sicherheit nachzuweisen. In einer Urkunde aus dem Jahre 1380 gibt es eine Lagebeschreibung des Hauses eines David Steuss, einem Enkel der Plume. David Steuss ist im ältesten Grundbuch des Schlüsselamtes als Besitzer des Hauses eingetragen und gleich daneben war die Synagoge.
Mit ziemlicher Sicherheit müsste die heutige Adresse Albrechtsbergergasse 4 lauten.
Rechtlich abgedeckt war diese erste Siedlung durch das Judenprivileg Friedrichs des Streitbaren vom 1. Juli 1244. Dieses Privileg beinhaltete, dass sich Juden überall im Gebiete der Herzoge von Österreich niederlassen konnten. Der banale Hintergrund – Juden sollten notwendige Bargeldquellen erschließen.
Die bereits erwähnte Plume, bereits ab 1321 als „Plume von Klosterneuburg" genannt, baute sehr rasch geschäftliche Verbindungen auf, die nicht immer risikolos waren. Unter herzoglicher Vermittlung verzichtete sie zum Teil auf ihre

„Kredite", die sie 1335 Jans den Tursen von Rauhenbeck und 1339 Heinrich und Eberhard von Walsee-Drosendorf für ihre kriegerischen Einsätze an der böhmischen Grenze gewährte.

Dennoch, die jüdische Gemeinde entwickelte sich weiter.

Die Gegend des heutigen Niedermarktes darf man mit ziemlicher Sicherheit als erste jüdische Gemeinde in Klosterneuburg ansehen. Hier kauften Juden von Christen Häuser und Grundstücke, eine rege Geschäftstätigkeit entwickelte sich auch bei den Juden untereinander – es entstand ein jüdisches Wohngebiet.

Nach nur einem knappen Jahrhundert wurde die jüdische Gemeinde allerdings bereits wieder vertrieben. Am 23. Mai 1420 wurden Juden im ganzen Land auf Befehl Herzogs Albrecht V. gefangengenommen, ihres Hab und Gutes beraubt und getötet. Manche ließen sich, um am Leben zu bleiben, zur christlichen Taufe überreden, einige wurden vertrieben. Von den Vertriebenen existiert eine Klageschrift, die „Geserah", die auch auf die Klosterneuburger Juden bezug nimmt. Als Vorwand für die Vertreibung wurde die enge Verbindung zwischen Juden und Hussiten angegeben, aber auch das Wunder der „Bluthostie" eines namentlich nicht mehr bekannten Klosterneuburger Geistlichen. Juden wurde Hostienschändung vorgeworfen, sie sollen geweihte Hostien mit Messern durchbohren, um zu sehen, ob es tatsächlich der Leib Jesu Christ sei. Das angebliche Wunder bestand dann darin, dass eine Hostie zu bluten begann.

Ab 1512 gibt es keine Aufzeichnungen mehr über jüdische Mitbürger in Klosterneuburg.

Damit endete wahrscheinlich die erste dauerhafte Besiedlung von Juden in Klosterneuburg. Es sollte bis ins 19.Jahrhundert dauern, bis es wieder eine jüdische Gemeinde gab.

DER WEG VOM OKTOBERDIPLOM 1860 ZUM NATIONALSOZIALISMUS

Im Oktoberdiplom von 1860 und dem Staatsgrundgesetz vom Dezember 1867 wurden alle rechtlichen Sonderbestimmungen für Juden aufgehoben und sie erhielten volle Glaubens- und Gewissensfreiheit, sowie auch alle bürgerlichen und politischen Rechte.

Bereits 1852 konstituierte sich in Klosterneuburg ein „Israelitischer Bethausverein" im Rahmen der „Cultusgemeinde Währing". 1873 erwarb der Bethausverein ein Grundstück in der Holzgasse und legte dort einen eigenen Friedhof an.. Ab 1892 gehörte der Bethausverein der neugegründeten „Cultusgemeinde Tulln" an. Da dessen Vorsteher Dominik Weinberger in Klosterneuburg wohnte, wurde diese Gemeinde von hier aus verwaltet und auch die Matrikeln geführt. 1913 errichtete die Kultusgemeinde in der Medekstraße eine Synagoge

Doch trotz des Oktoberdiploms und dem Staatsgrundgesetzes wurde der Antisemitismus in Österreich weiterhin gehegt und gepflegt. Der am 10. Jänner 1910 verstorbene beliebte Wiener Bürgermeister Karl Lueger trat zwar politisch für die Gleichberechtigung aller Nationalitäten und die Erhaltung der Österreichisch-Ungarischen Monarchie ein, war aber gleichzeitig glühender Antisemit.

Nach seiner siebenten Wahl zum Bürgermeister im Jahre 1909 erklärte er in seinen Dankesworten: „Mein Programm sind die Taten, die ich geschaffen habe".

Ein Programm, dass unter anderem von Georg Ritter von Schönerer (1842 – 1921), dem Führer der Deutschnationalen

Partei in Österreich beeinflusst war. Schönerer sollte in den folgenden Jahren auch das Vorbild eines freiwilligen Gefreiten des deutschen Militärs des 1. Weltkrieges werden, der in der k.u.k. Armee nicht aufgenommen wurde. Sein Name: Adolf Hitler.

Erstaunlich schnell etablierte sich die NSDAP in Klosterneuburg. Bereits 1924 errang sie mit 165 Stimmen ein Gemeinderatsmandat, fünf Jahre später brachte sie es bereits auf 1.314 Stimmen, sechs Mandate und stellte auch den Vizebürgermeister! Die manipulierte Volksabstimmung vom 10. April 1938, ob sich Österreich dem deutschen Reich anschließen sollte, brachte schließlich 11.401 ja und 32 nein Stimmen.

Vorerst waren allerdings für die Braunhemden der Hauptfeind die Sozialdemokraten.. Gewalttätige Attacken und die dazugehörende Agitation häuften sich in zunehmenden Maße.

Ab 1930 wurden dann allerdings Juden immer häufiger in den Fokus als Feindbild der NSDAP genommen. Das jüdische Bethaus wurde zum bevorzugten Ziel nationalsozialistischer Übergriffe.

Nach dem 10. April 1938 wurde der Terror gegen jüdische Mitbürger legitim. Der Nationalsozialist Franz Swoboda übernahm das Bürgermeisteramt.

Die gesellschaftliche Ausgrenzung und Verfolgung von jüdischen Klosterneuburgern verschärfte sich immer mehr. Sie reichte von der Mitteilung „unser Strandbad endlich Judenrein" bis zur Brandstiftung der Synagoge in der sogenannten „Reichskristallnacht". Erniedrigendste Zwangsarbeit von Juden aller Altersstufen sollte bald das Stadtbild prägen.

19

Vor dem 10. April 1938 umfasste die jüdische Gemeinde rund 300 Personen, viele verließen aufgrund der Repressalien umgehend das Land, so es ihnen möglich war. Den Verbliebenen erwartete ein Schicksal in den Konzentration- und Vernichtungslagern der Nazis.

Zurückgekehrt sind nach dem Zusammenbruch des „Tausendjährigen Reiches" nur Wenige. Unter anderen auch Primarius Dr. Arthur Weiss...

„*Das Gebot, auf das ich dich heute verpflichte, geht nicht über deine Kraft und ist nicht fern von dir. Es ist nicht im Himmel, so dass du sagen müsstest: Wer steigt für uns in den Himmel hinauf, holt es herunter und verkündet es uns, damit wir es halten können? Es ist auch nicht jenseits des Meeres, so dass du sagen müsstest: Wer fährt für uns über das Meer, holt es herüber und verkündet es uns, damit wir es halten können?*
Nein, das Wort ist ganz nah bei dir, es ist in deinem Mund und deinem Herzen, du kannst es halten.
Wenn du aber dein Herz abwendest und nicht hörst, wenn du dich verführen lässt und vor anderen Göttern niederwirfst, wirst du ausgetilgt.
Wähle also das Leben, damit du lebst.

Altes Testament, Deuteronomium

„NUR EIN GUTER MENSCH KANN EIN GUTER ARZT SEIN"

Zwei Ärzte aus dieser Zeit haben sich einen Platz in der Geschichte geschaffen. Primarius Dr. Arthur Weiss – Jude und Leiter des öffentlichen Krankenhauses Klosterneuburg – sowie Dr. Emil Gelny, begeisterter Nationalsozialist und Massenmörder aus eigenem Antrieb in der Heilanstalt Gugging, heute Maria Gugging.

Der vom Gauleiter Niederdonau Bürkel 1943 provisorisch als Direktor in Gugging eingesetzte Gelny kannte die Bibelstelle aus dem Deuteronomium wahrscheinlich nicht. Sie wäre ihm vermutlich auch egal gewesen. Vielleicht wollte er aber auch dem harten Wort der Vertilgung zuvorkommen, weil er sich dem Götzen Nationalsozialismus unterwarf und sich gottähnlich wähnte. Die Macht über Leben und Tod auskostete. Dr. Emil Gelny setzte konsequent die Aktion „T4" in der zweiten Phase des NS-Euthanasiekonzepts, die Vernichtung „lebensunwerten Lebens", um. Ab diesem Zeitpunkt traten schon neben der rassenhygienischen Ideologie auch zunehmend kriegswirtschaftliche Motive in den Vordergrund. Es ging bereits darum, alle Ressourcen wie etwa Nahrungsmittel, Medikamente, Pflegegeld, Verbandsmaterial, Brennstoffe, etc. einzusparen, aber auch Lazarettraum zu schaffen und Spitalspersonal freizustellen. Der fanatische Dr. Emil Gelny ermordete mehr oder weniger in Eigenregie innerhalb von zwei Jahren in Gugging an die 600 Menschen mittels Medikamenten, Injektionen, eines von ihm speziell konstruierten Elektroschockgerätes oder schlicht auch dem Hungertod, der von ihm zynisch als "sparsamst, grausam und doch unverdächtig" bezeichnet wurde.

Nicht alle Bediensteten wollten in dieser Mordmaschinerie mitmachen.

Namentlich bekannt sind vom Pflegepersonal der Heilanstalt Gugging, die diese Bezeichnung in den furchtbaren Jahren der nationalsozialistischen Herrschaft wohl kaum verdiente, Theresia Menner, Karl Kammerer, Johanna Wiedermann, Franz Amreiter, Johanna Steinbach, Josef Pühringer, Maria Dinghofer, Rosa Döcker, Maria Enengel, Maria Ulrich, Adele Bruckmüller, Maria Kotschmarek, Johann Öllerer, Maria Kohl und Emilie Mayer.

Sie entzogen sich den Tötungsaufträgen von Gelny entweder durch Kündigung oder Fernbleiben bei der Visite. Gelegentlich, für die eigene Sicherheit auch gefährlich und daher umso bewundernswerter, in dem sie das in Wasser überdosierte Medikament, das zum Tode führen sollte, nach der Abwesenheit des Direktors einfach in den Abguss schütteten.

 Dr. Emil Gelny wurde 1948 von der österreichischen Staatsanwaltschaft zum Tode durch Hinrichtung auf dem elektrischen Stuhl in Abwesenheit verurteilt. Er entzog sich diesem Urteil bereits 1945 durch seine Flucht und tauchte in Syrien unter.

Wenn notleidende Menschen die Hilfe eines Arztes brauchten und diese von Obermedizinalrat Dr. Arthur Weiss bekamen, hatten diese mehr Glück. Allerdings nur bis 1938, denn auch die Karriere des Juden Dr. Weiss wurde sofort nach der Machtübernahme der Nationalsozialisten jäh unterbrochen.

Seit 1919 war Dr. Arthur Weiss Leiter des städtischen Krankenhauses Klosterneuburg und in der Festschrift 1928 wurde er vom damaligen österreichischen Bundespräsidenten Michael Haynisch ob seiner Verdienste um diese Institution mit Lobesworten überschüttet. Zu Recht, denn unter diesem ersten Abschnitt der Ära Weiss fielen so weitgehende Veränderungen beziehungsweise Modernisierungen wie die Errichtung eines Operationssaales, ein Röntgenzimmer und eine Gynäkologie. Vor allem aber war das Bestreben von Dr. Arthur Weiss, dass sich Kranke, wenn sie schon ein Spital aufsuchen müssen, auch wohlfühlen können.. Nicht ganz selbstverständlich in dieser Zeit.

Auf Primarius Dr. Weiss persönlich ist auch die notwendige Erweiterung des Krankenhauses zurückzuführen. In nur zwei Jahren wurde der fünfgeschossige Zubau eröffnet. Heute kaum mehr vorstellbar: Die finanziellen Mitteln wurden von seiner Frau Dora, einer begnadete Pianistin, mittels Benefizkonzerten großteils finanziert.

Das Wohlfühlen und auch das Mitgefühl für Patienten, die in diesen schwierigen Zeiten finanzielle Probleme mit der medizinischen Versorgung hatten, stand für Dr. Arthur Weiss immer an oberster Stelle. So ist bekannt, dass er in seinem Wohnhaus in der heutigen Franz-Rumpler Straße, in dem er auch eine Ordination betrieb, oft kostenlos kleinere Behandlungen für mittellose Bürger durchführte.

Dora Weiss starb 1937. Ihr Mann Dr.Arthur Weiss wurde sofort nach der Machtübernahme der Nationalsozialisten im Jahr 1938 seines Postens als Krankenhausleiters enthoben. Gemeinsam mit seiner Schwester Malvine wurde er in der Leopoldstadt interniert, durfte allerdings im jüdischen Krankenhaus ordinieren.

1943 kamen Dr . Arthur Weiss und seine Schwester Malvine Weiss in das Lager Theresienstadt, wo Dr. Weiss unter menschenunwürdigsten Bedingungen seiner Tätigkeit als Arzt nachkommen durfte. Malvine Weiss überlebte das Konzentrationslager nicht. 1945 kehrte Dr. Weiss in seine Heimatstadt Klosterneuburg zurück, verbrachte seine letzten Lebensjahre mit physikalischen Studien und dem Gespräch mit seinen verbliebenen Freunden. Am 4. September 1948 verstarb Dr. Arthur Weiss

„Einen Mann von solcher Art, adelig in seiner Gesinnung, sozial bis in die Wurzeln seines Wesens, wird die Stadt nicht wiedersehen. Möge die Erinnerung an den großen Arzt und Menschen in unseren Herzen nie erlöschen."

Nachruf von Dr. Josef Schömer am 11. September 1948

A LETTER TO THE STARS

Ein in jüdischen Kreisen nicht unumstrittenes Schulprojekt, von den beiden Journalisten Josef Neumayer und Andreas Kuba 2003 ins Leben gerufen, firmiert unter dem Titel „A Letter To The Stars".

Um nur zwei Beispiele zu nennen.

Während Simon Wiesenthal meinte :"Diese Begegnung wird nicht nur neues Wissen vermitteln, sondern die Jugendlichen auch auf emotionaler Ebenen nachhaltig beeinflussen" und das Projekt begrüßte, findet unter anderen die Lagergemeinschaft Ravensbrück „ durchaus positive Grundgedanken mit allerdings zu viel Eventcharakter" kritische Töne für die diversen Abschlussveranstaltungen.

In der heuten „Fun-Gesellschaft" vielleicht aber doch eine Initiative, die dem „Vergessen", gerade unter jungen Menschen die keinen Zugang mehr zu dieser Thematik haben, entgegenwirken kann.

In Klosterneuburg beteiligte sich die Kreativ- und Informatikhauptschule Hermannstraße an „A Letter To The Stars".

Auf Einladung der Schüler des Arbeitskreises und ihrer Leiterin HOL Elfriede Strempfl wurden unter der Beteiligung der interessierten Öffentlichkeit am 5. Mai 2006 beim Gedenkstein, der an der Ecke Kierlingerstraße/Medekstraße am Platz der ehemaligen Synagoge steht, 26 weiße Rosen für die jüdischen Opfer aus Klosterneuburg niedergelegt.

Es waren aber nicht nur symbolische Gesten, die von den Schülern gezeigt wurden.

Die Spurensuche nach ehemaligen jüdischen Mitbürgern, die in aller Welt verstreut sind und die mit befangener Freude die Briefe der Jugendlichen erhielten und darauf antworteten, berührt, sollte aber auch zum Nachdenken anregen.

Schlomo (Paul) Berger: (lebt in Israel)
"Meine lieben Schüler! Leider habt ihr nicht ein bisschen früher geschrieben. Mein Bruder hätte ausführlicher antworten können, aber er starb vor einem Monat. Ich wanderte im November 1938 mit einer Jugendgruppe nach Palästina – dem heutigen Israel – aus.
Klosterneuburg ist mir in der Erinnerung eine schöne Zeit gewesen. Ich lebte hauptsächlich in unserem Haus und Garten in der Burgstrasse 8 und im Strandbad. Wie sich eure Schule geändert hat, weiß ich nicht. Nach der vierten Klasse übersiedelte ich in das „Bundesrealgymnasium" bis zur Auswanderung 1938.
1938 sagte ich, dass die Deutschen uns Juden ermorden werden (dies glaubte man mir nicht). Die Auswanderung mit der Jugendgruppe nach Palästina in einen Kibbuz war meine einzige Möglichkeit. Ich habe nur mein letztes Zeugnis von 1938, 6. Klasse Gymnasium, aber „als Jude nicht berechtigt, in die nächste Klasse aufzusteigen".

Vera Kohn: (lebt in Australien)
„Liebe Schüler der 3. und 4. Klasse der HS in Klosterneuburg.
Vielen Dank für euer email, ich bin beeindruckt von euren ausgezeichneten Englischkenntnissen.

Ich kam 1932 in Wien zur Welt, bin geborene Berlstein .Nach dem berüchtigten Anschluss 1938, als die Verfolgung der Juden so richtig begann, gelang es meiner Großmutter väterlicherseits und mir im August Österreich zu verlassen. Ich möchte hinzufügen, dass uns die Nazis all unseres Besitzes beraubten und wir Österreich mittellos verließen.

Meine Großmutter Klara Berlstein und mein Großvater Moritz Berlstein wohnten in Klosterneuburg.

Großvater Moritz, der im 1. Weltkrieg in der österreichischen Armee diente, starb kurz nach dem Ende des Krieges und dürfte auf dem Klosterneuburger jüdischen Friedhof begraben sein. Ich wäre dankbar, wenn Schüler nachforschen, das Grab finden und mir ein Foto schicken könnten. Sein jüdischer Name war Moses Chaim.

Jetzt zur Familie Berlstein. Klara und Moritz hatten zwei Söhne. Adolf (wie ironisch! Man hörte nach 1938 nie wieder etwas von ihm) und Alfred, meinem Vater. Sie wurden in Galizien geboren, als es ein Teil der österreich-ungarischen Monarchie war und kamen um 1900 nach Klosterneuburg.

Es gab auch vier Schwestern. Eine starb, als sie aus einem Deportationszug sprang, der sie in ein Vernichtungslager in den Osten bringen sollte. Die anderen verließen Österreich vor 1938 und siedelten sich später in den USA an.

Nachdem wir Wien verließen, gingen wir nach Malta, wo eine Schwester meines Vaters bereits lebte. Meinen Eltern gelang es ein kleines aber exklusives Schneiderunternehmen aufzuziehen. Nach Kriegsausbruch 1939 schloss die britische Regierung die Firma und internierte uns, weil wir feindliche österreichische Staatsbürger waren!

Meine Großmutter starb 1940 in Malta. Von Malta wurden die Familie vorerst in das britische Mandat in Palästina gebracht und dann in diverse ostafrikanische Lager, zuletzt Entebbe.

Nach dem Krieg erhielten wir 1946 die Möglichkeit nach Australien zu gehen und siedelten uns in Perth an.

Mein Mann und ich sind 1974 und 1978 in Österreich gewesen, aber ich fühlte mich aufgrund der Erinnerungen nicht wohl. Die Leute sind freundlich gewesen, vielleicht wussten sie nicht, dass wir Juden sind, aber das Land ist sehr schön. Wir kennen auch einige Österreicher, keine Juden, und wir sind seit vielen Jahren befreundet. So könnt ihr sehen, dass die Religion keinen Unterschied macht und man Leute nur aufgrund ihrer persönlichen Qualität beurteilen sollte.

Ich bin sehr ergriffen von euren Briefen und es nährt in mir die Hoffnung, dass eure Generation toleranter sein wird und sich nicht das schreckliche Benehmen der Generation eurer Vorfahren wiederholen wird."

ANGST VOR DER VERGANGENHEIT ?

„Erinnere dich

Hier stand bis 1991 die am 20. 8. 1914 eingeweihte Synagoge der israelitischen Kultusgemeinde Tulln-Klosterneuburg, die während des Novemberpogroms 1938 schwer beschädigt wurde. In den Jahren 1938 – 1945 fielen zahlreiche jüdische Bürger unserer Stadt dem nationalsozialistischem Terror zum Opfer."
November 2002

So der Text des Gedenksteins bei der ehemaligen jüdischen Synagoge Ecke Medekstraße/Kierlingerstraße. Von dem ehemaligen Bau blieb nur mehr der markante Erker übrig. Dass nicht bereits in der „Reichskristallnacht" 1938 das Gebäude komplett ein Raub der Flammen wurde, verdankt es wohl der Tatsache, dass in einem Teil dieses Gebäude bereits Räumlichkeiten für die Hitlerjugend und dem Bund deutscher Mädchen verwendet wurden.
Nachdem die kleine jüdische Gemeinde, die den Holocaust überlebte, das Bethaus nicht mehr finanzieren konnte, verkaufte sie es an eine Wohnbaufirma, die den größten Teil abriss und ein Wohnhaus baute.
Dass man in Klosterneuburg seiner jüdischen Mitbürger anhand dieses Gedenksteins nicht vergisst, war gar nicht so einfach.

Nicht nur die neuen Bewohner lehnten großteils das Ansinnen einer (vorerst) Gedenktafel ab, welche Gründe müssen in das Reich der Spekulation verwiesen werden.

Die Sache wurde zu einem Politikum und da gab es schon klare Aussagen, die man teilweise nicht unbedingt hören will.

Mit Toleranz – ein eingebürgertes, aber genau genommen schlechtes Wort, weil es eigentlich nur Überheblichkeit gegenüber einer Minderheit bedeutet - tun sich in Österreich manche Menschen noch immer sehr schwer. Politiker aus dem weit rechten Spektrum haben es da mit Verdrängung und Leugnung etwas furchtbar Geschehenen am leichtesten. Wie man aus Zeitungsberichten leider lesen durfte, auch in Klosterneuburg. Traurig, dass jede „nationale Äußerung" bereits wieder und auch immer verstärkter - von einem noch geringen aber doch nicht unerheblichen Teil der Öffentlichkeit - akzeptiert oder möglicherweise sicherheitshalber „überhört" wird.

Erfreulicherweise hört man in Klosterneuburg wieder doch noch ganz gut und fallen unangemessene Wortspenden nicht mehr auf fruchtbaren Boden.

Im Endeffekt dauerte es aber dennoch über zwei Jahre, einen Kompromiss in der Gemeindestube von Klosterneuburg zu finden, ob man eine Gedenktafel, beziehungsweise einen Gedenkstein bei der ehemaligen jüdischen Synagoge anbringen kann und wie.

Am 8. November 2002 war es dann soweit. ÖVP-Bürgermeister Dr. Gottfried Schuh und die Initiatorin des Projekts, die Grüne-Stadträtin Martina Enzmann enthüllten vor vielen Klosterneuburgern, Vertretern der israelischen Kultusgemeinde

31

und auch noch einigen Zeitzeugen das Mahnmal bei der ehemaligen Synagoge in der Medekstraße.

ZEITZEUGEN: ERINNERUNGEN UND GEGENWART

„Du Walter, wir werden euch Juden demnächst verhaften"

Walter Lauber

Und da war plötzlich diese Granate und vier Jahre Spitalsaufenthalt, davon ein Jahr in Vollkörpergips.

Der bald neunzig Jahre alte ehemalige Sergeant des 87th Mountain-Infantry Regiments der US-Army, Walter Lauber, sitzt mir in seinem Klosterneuburger Domizil mit seiner Frau Cäcilia – die er liebevoll „Stoppele" nennt - gegenüber und erzählt von diesem Ereignis, das seine Hüfte zerfetzte mit einer Gelassenheit, die zwar auf ein erfülltes, aber keinesfalls immer erfreuliches Leben schließen lässt.

Der junge Walter wuchs in der Franzensbrückenstraße in Wien auf und mit seiner Clique wurde immer mit dem „Fetzenlaberl" Fußball gespielt.

Die Familie ist sozialdemokratisch geprägt, der Vater war in führender Stelle der noch jungen Gewerkschaft der Handelsangestellten tätig.

Sofort nach Hitlers Einmarsch 1938 in Österreich war von einem Tag auf den anderen Schluss mit dem gemeinsamen Fußballspiel.

Ein „Freund" aus der Clique stand in SA-Uniform vor der Türe und meinte lakonisch :"Du Walter, wir werden euch Juden demnächst verhaften."

Reisepapiere wurden damals nicht nur im übertragenen Sinne mit Gold aufgewogen, sondern auch mit unendlich viel Zeit.

Walter Lauber schaffte die Ausreise vorerst in die Schweiz. Da nach Kriegsausbruch nicht mehr sicher war, ob die Nazis nicht auch die neutrale Schweiz überrollen, ging Lauber mit einem Rucksack und ohne Papiere nach Frankreich und wurde prompt interniert.

„Nach vier Monaten bin ich aus diesem Sammellager geflohen und schlug mich bis Le Havre durch wo ich Mister Gainet, den damaligen Konsul traf. Er besorgte mir amerikanische Papiere , mit denen ich mit einem der letzten Schiffe nach New York gelangte."

Walter Lauber arbeitete daraufhin – ehe er zur Armee ging – bei den „Free Austrian American News", wo er auch seine Frau kennenlernte.

Obwohl er mit seinem Eintritt in die amerikanischen Streitkräfte Österreich befreien wollte – in den USA zu bleiben war nie ein Thema - verschlug ihn der Krieg zuerst Richtung Japan. Danach kam er doch nach Italien, ganz in die Nähe seiner Heimat.

Und da war plötzlich diese Granate.

Walter Lauber hat seither eines der ersten künstlichen Hüftgelenke, das heutige Mediziner oft verwundert staunen lässt.

Walter Lauber hat sich, nachdem Österreich befreit wurde, und er in seine Heimat zurückkehren konnte, neben seiner beruflichen Tätigkeit vor allem in der Bewegung „Gewerkschafter gegen Atomenergie" engagiert.

„Meinem Bruder Ernst, er war viel älter als ich, erging es nicht so gut", fällt es Walter Lauber plötzlich ein. Er konnte sich an diesem Tag, an dem wir das Gespräch führten, allerdings nicht erinnern, warum.

Aron Karner, der Enkel von Walter Lauber, wusste Bescheid und schrieb darüber in dem Projekt „A Letter To The Stars". Ernst Lauber, Jahrgang 1903 und Bruder von Walter Lauber, flüchtete ein Jahr später vorerst nach Belgien, von dort floh er vor den vorrückenden deutschen Truppen nach Frankreich. 1941 wurde Ernst Lauber von den französischen Kollaborateuren aufgegriffen und interniert. Am 17. August 1942 dann von Drancy, einem Sammellager in der Nähe von Paris, nach Auschwitz deportiert und kurz danach ermordet.

Das Gespräch mit Walter Lauber fand am 4. Juli 2006 statt. Am 12. September 2006 schloss Walter Lauber für immer die Augen.

„Ich bin Jude und Pazifist. In welcher Einheit sollte ich gedient haben?"

Erich Sinai

Auf unfreiwillige Reise begab sich 1938 der Klosterneuburger Erich Sinai. Sie führte ihn von Wien aus über die lettische Hauptstadt Riga nach Nowosibirsk und später Kasachstan. 1947 konnte er nach Österreich zurückkehren.
Aber der Reihe nach.
Erich Sinai wurde 1917 in Wien geboren und erlernte das Schneiderhandwerk.

Nach der Machtübernahme Hitlerdeutschlands in Österreich wurde er Tage später von seiner Firma gekündigt, musste sich aber beim Arbeitsamt dennoch einen Job suchen.

Den hätte er auch bei einem Schneidergeschäft, das von einem Tschechen geführt wurde, bekommen.

Die Zeichen der Zeit voraussehend, hatte er eine Bitte. Der Geschäftsinhaber solle ihn ablehnen, mit der Begründung keine Juden anzustellen. Nicht sehr erfreut willigte dieser tatsächlich ein.

Hintergrund der Sache. Um Ausreisepapiere zu bekommen musste man sich oft tagelang anstellen und das wäre mit der Arbeit natürlich nicht vereinbar gewesen.

Erich Sinai bekam mit Mühe noch einen deutschen Pass ohne das „J" und setzte sich nach Riga ab. Das Baltikum war zu dieser Zeit, so wie auch jetzt wieder, frei und Estland, Lettland und Litauen eigenständige Staaten.

Sinai konnte in Riga bei einem Schneider arbeiten, bis der inzwischen ausgebrochene Krieg eskalierte.

Gemäß den Absprachen im geheimen Zusatzprotokoll zum Hitler-Stalin Pakt, der dem deutschen Diktator in Wahrheit ja nur in den ersten Kriegsjahren den Rücken frei halten sollte, marschierten die Sowjets am 17. Juni 1940 in Riga ein. Der junge Erich konnte seiner Tätigkeit weiterhin als Schneider für die sowjetische Kriegsmarine nachgehen. Hitler und Stalin waren ja auf dem Papier noch Verbündete.

Die Situation änderte sich schlagartig, als am 1. Juli 1941 die deutsche Wehrmacht im Baltikum einmarschierte.

Der mit einem deutschen Pass ausgestattete Sinai sah sich plötzlich in einem sowjetischen Viehwaggon verfrachtet, der ihn nach Nowosibirsk in ein Internierungslager brachte. Etwas später sollte Sinai in Kasachstan landen. Im Rückblick sollte sich das allerdings als Glück erweisen. Hitlers Vasallen brachten in der Folge 150.000 in Riga verbliebene Juden um.

„Wissen Sie, ich konnte in diesen Lagern arbeiten und es ging mir relativ gut, weil ich bereits vor Kriegsausbruch geflüchtet bin. Die Sowjets haben da sehr genau unterschieden. Nie vergessen werde ich daher auch die gefangengenommen deutschen Soldaten, die ebenfalls in unser Lager kamen und oft keine Schuhe mehr an ihren Füßen hatten, nur mit Papierfetzen ihrem Führer folgend in den Tod gehen mussten."

1947 konnte Erich Sinai nach Österreich zurückkehren. Das offiziell befreite Land tat sich mit Mitschuld am Krieg beziehungsweise der Opferrolle damals noch schwerer als heutzutage.

Erich Sinai sagt es mit einer gewisser Wehmut aber ohne Vorwurf :"Na ja. Die entlassenen Helden wurden von ihren Familienangehörigen freudig in Empfang genommen. Unser Waggon wurde auf einem Abstellgleis abseits der Öffentlichkeit geparkt. Uns konnte ja auch fast niemand mehr abholen. Meine erste Adresse nach der Rückkehr war das Männerheim in der Meldemannstraße".

In einer Nachbarschaftsrunde – die Familie Sinai lebt seit langer Zeit in Klosterneuburg - kam vor einigen Jahren einmal das Thema zweiter Weltkrieg auf und Erich Sinai wurde gefragt, bei welcher Einheit er diente.

Ein einziges Mal kam während des Gespräches mit ihm ein kleines Lächeln über sein Gesicht, als er erzählte, was er auf diese Frage antwortete:„Ich bin Jude und Pazifist, hatte nie ein

Gewehr in der Hand. Nicht einmal bei einer Schießbude im Prater. In welcher Einheit sollte ich da wohl gewesen sein?"

Sofort wurde mein Gesprächspartner wieder nachdenklich :"Ich kann nicht verstehen, warum in unserem Land –es geht doch im Gegenteil zu den dreißiger Jahren des vorigen Jahrhunderts den meisten Menschen sehr gut, tatsächlich politische Parteien, die nur Minderheiten im Visier und sonst kein aussagekräftiges politisches Programm haben, unproportional viele Stimmen bekommen."

Erich Sinai hat während des Naziterrors 24 Familienmitglieder verloren...

„Für mich geht in Jerusalem die Sonne nicht im Osten auf, sondern in meinem Herzen".

Harry Weber

Wir sitzen uns in der Orangerie des Chorherrenstiftes Klosterneuburg gegenüber. „Seine oder auch unsere" rumänischen Hoffnungskinder von Pater Georg Sporschill waren zu Gast und Harry ließ es sich nicht nehmen, mit den Kindern ein paar Stunden zu verbringen. Es war bereits mein dritter Versuch, mit Harry Weber ins Gespräch für dieses Buch zu kommen. Er will nicht gerne über jene Zeit sprechen. Die Zeit, die ihm seine Mutter nahm. Diesmal wollte Harry Weber, wir trafen uns zufällig erstmals im April 2004 in Rumänien wo wir Einsicht in das fantastische Projekt „Straßenkinder – Hoffnungskinder" nehmen konnten, und nach längerem Zögern sprach er diesmal doch über sein Leben und seine Empfindungen.

Der österreichische Staatspreisträger für künstlerische Fotografie wurde am 13. August 1921 in Kierling geboren. "Im Haus der Hebamme angeblich, aber erinnern kann ich mich nicht".

Ein typischer Satz für ihn. Ein ernster Mensch, der allerdings gerne immer ein bisschen schwarzen britischen Humor in die Gespräche einfließen lässt. Das hat er sich möglicherweise als junger Bursche angeeignet, als er sich nach der Auswanderung im Rahmen der Jugend-Allijah 1938 nach Palästina und zwei Jahren im Kibbuz Kyriath Anavim 1940 freiwillig der Jewish Brigade der englischen Armee anschloss und in Nordafrika und Italien zum Einsatz kam.

Seine Eltern blieben in Wien zurück. Der Vater überlebte die Konzentrationslager Dachau und Buchenwald, die Mutter wurde 1942 im KZ in Minsk ermordet.

Auf Ersuchen seines Vaters kehrte Weber 1946 nach Österreich zurück. „Mein Vater wollte einen Kaufmann aus mir machen, mir ist glaube ich was Besseres eingefallen", schmunzelt er im Gespräch. Er sollte sich nicht geirrt haben.

Ab 1967 war Harry Weber Cheffotograf beim Verlag Gruner und Jahr in Wien (Stern, Schöner Wohnen, Brigitte, Eltern), nebenbei arbeitete er als Theaterfotograf bei den Salzburger Festspielen, im Theater an der Josefstadt und für die Zeitschrift „Die Bühne".

Nach seiner Pensionierung wurde Harry Weber für sein Lebenswerk mit Ehrungen überhäuft: Karl-Renner-Preis, goldenes Verdienstkreuz des Landes Salzburg, goldenes Verdienstkreuz der Republik Österreich, Ernennung zum Professor.

In seine Geburtsstadt Klosterneuburg kehrte Harry Weber erstmals 2002 zurück. Anlass: Das Chorherrenstift Klosterneuburg lud ihn zu einer Buchpräsentation und einer Ausstellung über das heutige jüdische Leben in Wien ein. Seit damals hat sich der Kontakt zu seiner Geburtsstadt sehr verstärkt.

Aber er spricht es ganz klar aus: „Alle Auszeichnungen sind gut und schön. Ich würde sie gerne eintauschen gegen einen Tag mehr mit meiner Mutter".

ZUM ABSCHLUSS

Wenn ich jemanden als Vorbild betrachte, dann vielleicht **Irene Harand** und **Günther Nenning**.

Irene Harand (1900 –1975) deswegen, weil sie bereits 1935 das drohende Inferno der „Hakenkreuzler" voraussah und dagegen mit allen ihr zur Verfügung stehenden Mitteln ankämpfte. Ihre Publikation „Sein Kampf, Antwort an Hitler", wurde in Deutschland auch sofort verboten.

Ein Zitat daraus, dem ich mich nicht nur gerne anschließe, sondern auch aus Überzeugung aufnehme, weil ich es selbst nicht besser formulieren könnte: „Ich wende mich nicht an Gelehrte. Ich will, dass die Menschen mich verstehen. Darum werden vielleicht Sprache und Stil nicht alle Schöngeister befriedigen.(...)

Den Opfern des Hakenkreuzes soll aber diese Arbeit Trost bieten und die Überzeugung bringen, dass es in der Welt Menschen gibt, die sich mit dem Terror des dritten Reiches nicht abfinden und kämpfen wollen, bis von der Menschheit die Gefahr, die die Verbreitung des Hakenkreuzes bedeutet, gebannt, und die Opfer selbst von ihren Peinigern erlöst werden". Zitat Ende.

Während der Arbeit zu diesem Buch hat die Gegenwart die Vergangenheit in unseren globalen Dörfern allerdings bereits überholt.

Selbsternannte Heilsbringer, die einer islamischen Sekte anhängen und daher das Ende der Welt möglichst schnell herbeiführen wollen, dürfen vor der Weltgemeinschaft im Jahr 2006 in aller Öffentlichkeit und staatstragender Position tatsächlich wieder von der Auslöschung des Staates Israel beziehungsweise des Judentums sprechen. Vielleicht nimmt man sie nicht ganz ernst. Die Aussagen eines Adolf Hitler hat vorerst auch niemand ernst genommen.

Das Hakenkreuz hat seine Nachahmer gefunden...

Günther Nenning   war – und ist – für mich oft ein „ Lehrmeister des Verstandes".

Seine immer gelebte Weltoffenheit, seine Skurillität, sein sich in keine Schublade pressen zu lassen und sich selbst nicht zu wichtig zu nehmen ist meiner bescheidenen Meinung nach ein ganz guter Denk- und Lebensansatz.

Daher dieses Gedicht aus seinem Buch „Buddha, Jesus und der Rest der Welt"

Durchs wilde Dialogistan seh ich viele Weise nahen
und es spricht ihr Angesicht
Dialog ist unsere Pflicht.
Sie mischen sich mit Toren vielen
zwecks miteinander Fangerl spielen.
Brich auf und wander
zum Rama Suvana Durchanander!
Wirf dich vor seinen goldenen Rolls Royce
zu deinem Heile soll's.
Die Weisheit der Veden
nutzt einem Jeden.
Wohl tut auch ein frommer Jud

brauchst du neuen Glaubensmut.
Wird dein Glaube lahm
erfrisch dich mit Islam.
Dialoge mit Buddhisten
machen dich zum bessern Christen.
Dialog, Dialog, manchen schon betrog.
Glaubenswechsler zum Zeitvertreib
hält der Weise sich vom Leib
und hoffet, dass stattdessen kommt
der Dialog, der Frommen frommt.
Oh, dass ich nicht schliefe
wenn aus der Tiefe wer nach mir riefe?

INHALTSVERZEICHNIS

Quellen- und Literaturhinweise:

Klosterneuburg
Geschichte und Kultur – Band 1:Die Stadt. Herausgegeben von der Stadtgemeinde Klosterneuburg

Buddha, Jesus und der Rest der Welt
Günther Nenning, Pattloch Verlag,1999

„Sein Kampf", Antwort an Hitler
Irene Harand, Ephelant Verlag, Dr. Franz Richard Reiter, 2005

Verein Gedenkdienst, Zeitschrift „Wilde Euthanasie"

Dokumentationsbüro des österreichischen Widerstands

Verdrängte Geschichte
Dr. Peter Schubert, Verlag Mayer & Comp.

Die Erotik der Kabbala
Georg Langer, Eugen Dieterichs Verlag, 1989

Für ihre Mithilfe danke ich:

Walter und Cäcilia Lauber

Erich Sinai

Harry Weber

Martina Enzmann

Dr. Peter Schubert

HOL Elfriede Strempfl

Antonia Zeiler

Erich Zeiler jr.

Gewidmet allen jüdischen Mitbürgern meiner Heimatstadt.
Und meinen Töchtern Birgit und Verena, die mir die Augen öffneten, dass Rechtspopulismus und Rassismus in Österreich bereits wieder ein Thema ist, für das sich seine Anhänger längst nicht mehr schämen, sondern es eher genüsslich zelebrieren.